CONCIENCIA

Elevar Tu Conciencia Es El Primer Paso De Tu Evolución

Uinic T. Cervantes

Lo Mejor De Los *Whatsappazos Millonarios* Vol. 3

Título: CONCIENCIA

Subtítulo: Elevar tu conciencia es el primer paso para tu evolución

Colección: Lo mejor de los *Whatsappazos Millonarios*

Volumen: Tres

2016 ©, Uinic T. Cervantes. Todos los derechos reservados

2016 ©, De los textos y audios: Uinic T. Cervantes

Ilustración de portada: Alberto González

Transcripción y Edición: Jessica Flores

1° edición

DEDICATORIA Y AGRADECIMIENTOS

A Yaretzi, Nicté y Yamileth

Gracias por abrir mis ojos a este mundo mágico y lleno de amor y por enseñarme a vivir y morir por otros.

NOTA DEL AUTOR

En abril de 2015 inicié con el envío de audios diarios de manera gratuita a una lista de difusión en WhatsApp que denominé El Whatsappazo Millonario. Mismo que hasta la fecha sigo y seguiré haciendo mientras tenga quien me escuché.

La intención de enviar estos Whatsappazos Millonarios es compartir mi experiencia y opiniones sobre temas referentes a la generación de riqueza y abundancia sin afán de imponerlas como la única verdad sino para enriquecer la vida de quien los recibe y comparte.

En general hablo acerca de mentalidad de abundancia, mentalidad empresarial, libertad financiera, retiro millonario, finanzas personales, liderazgo, negocios, marketing y ventas, administración del tiempo, cómo salir de deudas, cómo llevar una vida más simple, abundante y feliz... entre otras tantas cosas.

Al momento de escribir este libro se han enviado varias decenas de audios de los cuales pretendo seleccionar los mejores, agruparlos y editarlos de tal manera que pueda extraer la esencia pura de lo que comparto día con día para convertirla en libros de fácil comprensión y lectura, pero de profunda enseñanza.

Dicho esto, entiendo y acepto la responsabilidad que tengo al compartir éste mensaje contigo. Por ello es de gran importancia para mí seleccionar, cambiar o eliminar algunas palabras de los audios al momento de su transcripción porque éstas son tan poderosas que pueden crear o destruir tu realidad y la mía. Ten pues plena confianza, querido lector y querida lectora, de que lo que encontrarás en esta colección de *Lo Mejor De Los Whatsappazos Millonarios de Uinic Cervantes* será conscientemente seleccionado para ayudarte a crear una realidad de riqueza y abundancia en tu vida.

Con cariño, el autor, **Uinic Cervantes.**

ÍNDICE

DEDICATORIA Y AGRADECIMIENTOS 7

NOTA DEL AUTOR 9

ÍNDICE 11

INTRODUCCIÓN 13

UN GRAN PODER CONLLEVA UNA GRAN RESPONSABILIDAD ... 17

APRENDE A USAR LOS FRENOS 19

TÓMATE EN SERIO TU EDUCACIÓN 21

SÉ ESCÉPTICO 23

¿ESTÁS HACIENDO QUE VALGA LA PENA O ESTÁS REPITIENDO LA HISTORIA? 25

DEJA DE NEGOCIAR TU ABUNDANCIA 27

¿QUIÉN DECIDES SER? 29

EL PLAN DE TU ALMA 31

CREA TU VIDA DE EVENTO EN EVENTO 33

TODO ES PERFECTO 34

EL INGREDIENTE SECRETO PARA TU PROSPERIDAD 35

LA AYUDA DIVINA QUE HAS ESTADO PIDIENDO 37

LOS 3 PILARES DE TU SABIDURÍA 39

ESTE ES TU PROPÓSITO DE VIDA 41

TODO ES TEMPORAL 43

NO IMPORTA LA EDAD, TÚ PUEDES SER FELIZ SI SIGUES TU PASIÓN 45

COMPARTE TU ABUNDANCIA 47

EL AMOR Y LA MACROECONOMÍA 49
MÁS GRANDE Y MEJOR 52
CUIDA AL VIEJITO QUE SERÁS 53
NEGANDO EL PRESENTE 55
LA CUENTA DEL PLACER Y DEL AÑO SABÁTICO 57
FELICIDAD FINANCIERA HOY 59
TODOS LOS CURSOS SON UN FRAUDE 60
¿SABES LO QUE NO SABES? 61
CONCLUSIONES 63

INTRODUCCIÓN

Como verás que lo repito en reiteradas ocasiones en este libro, desde mi concepción, el propósito como seres humanos de encarnar en esta Tierra es EVOLUCIONAR. Y eso sólo lo podrás lograr si abres los ojos a las verdades y leyes universales y actúas en consonancia con ellas.

Este libro trata de compartir algunas de mis reflexiones acerca del futuro de nuestra especie así como de algunas prácticas que nos conviene recuperar en orden de alcanzar la iluminación.

Te hablaré de los distintos niveles de la educación, del amor y la macroeconomía, de una utópica realidad sin la existencia del dinero y de cómo vivir tu FELICIDAD FINANCIERA desde hoy entre otros temas.

Como cada libro me he esmerado porque éste libro sea mejor que el anterior, de verdad espero que te guste.

Disfruta pues de este tercer libro de la serie: *LO MEJOR DE LOS WHATSAPPAZOS MILLONARIOS de Uinic Cervantes,* esperando como siempre que te sirva y transforme tu vida como lo hizo con la mía.

Quiero aclarar que este libro es apenas una introducción a los temas mencionados y que si quieres profundizar en ellos busques más información por tu cuenta o te integres a mi **Club De Abundancia**, ya que aquí es donde analizamos cada uno de estos temas a detalle y sobretodo de cómo aplicarlos a tu vida.

Suscríbete en *www.UinicCervantes.com/Club-De-Abundancia*.

Sin más, solo me resta decirte que si no te llegan aún mis audios diarios a tu *WhatsApp* entra a este enlace y SUSCRÍBETE YA para que no te los vuelvas a perder: http://bit.ly/ListaWhatsapp.

¡ATENCIÓN: PIDE TU REGALO!

Lee el índice, busca 3 o 4 títulos interesantes, ve a leerlos y cuanto antes regresa a *Amazon* a dejarme tu reseña y un comentario sobre alguno de los capítulos de este libro para que otros puedan saber en qué les va a ayudar leerlo.

Al hacerlo toma una foto y mándala al teléfono del **Whatsappazo Millonario de Uinic Cervantes** para darte un **regalo especial** sólo por haberlo leído ;-)

Si estás leyendo la versión impresa mándame un *WhatsApp* o *inbox* diciéndome lo que más te gustó de este libro y tendrás también tu **regalo especial**.

Así pues, sin más preámbulo, te dejo con el libro...
que lo disfrutes :-)

UN GRAN PODER CONLLEVA UNA GRAN RESPONSABILIDAD

Hablemos de la famosa frase del tío Ben (dudo que no lo sepas pero era el tío de Peter Parker o *Spiderman* del cuál aprendió a usar su poder para el bien del mundo) y qué tiene que ver con tu evolución.

Bueno, yo te he estado hablando cómo crear un estado mental de abundancia; te he estado hablando de que tus pensamientos crean tu realidad, de que tienes distintos niveles de creación (acciones, emociones, palabras y pensamientos) que crean tu realidad. También te he hablado de cómo crear una realidad y una mentalidad de abundancia y que puedes viajar por el tiempo, al pasado o al futuro, para modificar y crear esa mentalidad y esa vida de abundancia como tú la quieres vivir.

Te he estado diciendo todo esto, y si has practicado y te has entrenado en estos temas que te estoy diciendo, o si ya te matriculaste en mi curso **De Emprendedor A Empresario** te das cuenta de que conforme avanzas, vas adquiriendo un nivel de conciencia más elevado y con eso te estas volviendo una persona sumamente poderosa.

Por eso comencé con esa frase. Te estás volviendo una persona sumamente poderosa y con ese poder, **entre más consciente seas, más rápido y fácil se van a manifestar tus sueños y metas**.

Cuidado entonces con todo lo que estás pidiendo, deseando, soñando. **Cuidado con todo lo que manifiestas en tus pensamientos porque el universo te responde tal cual.**

Sucede que por ejemplo, un área de tu vida que quieres mejorar es el área económica, y te la pasas pidiendo al universo, pidiendo a Dios, que te traiga abundancia a tu vida, que te traiga prosperidad económica, y lo deseas tan fervientemente, vibras como si realmente lo quisieras y todo lo que mueves a tu alrededor va alineado a conseguir esa prosperidad económica pero te olvidas de la prosperidad emocional, te olvidas de estar bien con tu pareja y tu hijos, te olvidas de estar bien con Dios, de estar bien en tu salud, en tu cuerpo y al final, creces mucho en un área pero descuidas las demás.

Aquí es donde te pido que tengas cuidado con lo que piensas y con lo que transmites al universo, porque acuérdate que no hay interpretaciones. <u>Tanto si piensas en lo que no quieres como en lo que si quieres, lo tendrás</u>. **Tu mente se toma literal lo que le digas, el universo se toma literal lo que le mandes por medio de tus pensamientos.**

Entonces, se consciente de que tienes un gran poder, un poder de creación que comienza con tus pensamientos y yo te invito a que ese poder lo uses con una responsabilidad absoluta de que pidas lo que SÍ quieres; nada más y nada menos. **Pide lo que quieras, como lo quieras, cuando lo quieras y así se va a manifestar.**

APRENDE A USAR LOS FRENOS

¿Los frenos?... ¡Si, los frenos!

Hace poco me encontraba platicando con un buen amigo al que le encantan las carreras de autos y me estaba platicando como es que **a nivel profesional en las carrearas de autos**, lo que hace la diferencia no es la velocidad, no es la potencia del coche, ni siquiera es la destreza del conductor, bueno, obviamente todo es importante pero hablando de condiciones iguales, o sea, mismo motor, mismo tipo de potencia y los mejores pilotos, **lo que hace la diferencia son los frenos.**

¿Por qué? Porque tanta potencia en un motor, sin un buen freno se puede desbocar o se puede ir de largo. Imagínate que vas a toda velocidad en uno de estos vehículos y no tienes buenos frenos, llegando a la curva pueden pasar muchísimas cosas; o te derrapas y te sigues hasta chocar contra los muros de contención, o te vas a las gradas y quizá lastimes a alguien o tal vez frena tan rápido que ocasiones una *carambola* o te des algunas volteretas y eso, claro está, puede derivar en un accidente muy grave. Es aquí donde radica la importancia de los frenos. **Buenos frenos te harán que controles esa potencia.**

Ahora, ¿qué tiene que ver esto con tu abundancia? Ponte a pensar, muchas de las herramientas que te he dado, lo que damos en el coaching *De Emprendedor A Empresario*, lo que te transmito en mis libros, en mis *Whatsapazzos Millonarios*, en mis videos y **todo lo que has aprendido hasta el momento, te está dando mucho poder**, está aumentando tu potencia para llegar a donde quieres llegar. Y hay veces, cuando no lo sabes utilizar, que pierdes el control.

Por ejemplo comienzas a aprender sobre múltiples fuentes de ingreso y llevas a cabo tantas que al final no puedes hacer crecer ninguna de manera profesional. O te enfocas en hacer crecer un negocio, el cual piensas que es "el mejor el mundo" pero no te pones a estudiar cómo puedes hacerlo crecer como profesional y al final abandonas.

Adquieres tanta potencia con tu conocimiento pero no sabes usar los frenos que parece que el conocimiento "no funciona"... estos frenos se llaman PRUDENCIA.

Esta "palabrita" me costó algunos años entender, pero cuando lo hice, comencé a tomar mejores decisiones, aprendí a decir NO y a organizar mi tiempo y mis prioridades.

Entonces **te invito a que desarrolles éste freno llamado prudencia**; que eches a andar tu motor, que eches a andar toda tu maquinaria y que tengas prudencia para saber elegir, saber decidir, qué SÍ vas a estudiar, qué SÍ vas a aprender, a quién SÍ vas a seguir, cuál negocio SÍ vas a iniciar y cuál no.

TÓMATE EN SERIO TU EDUCACIÓN

Por favor PAGA EL PRECIO... es barato.

¿Qué te quiero decir con esto?

Hay una diferencia que ha hecho toda la diferencia en mi vida y te voy a decir en qué consiste esto. Yo tengo ya casi 10 años de crecimiento, de ser aprendiz, de ser emprendedor y ahora me está tocando la bendición de poder compartir un poco de mis resultados y de mis técnicas con más personas y ayudarlos a que tengan resultados, por ejemplo, el caso de una persona que inició como mi alumna y ahora somos grandes amigos; he visto como esta persona ha evolucionado en su camino de emprendedora a empresaria, y el ver como inició con un proyecto pequeño, un proyecto que le daba dolores de cabeza, que ni siquiera le daba para pagarse un sueldo a ella, logró llevarlo a pagarse sueldos para ella, tener personas trabajando con ella, poder dar más empleos y más sueldos además de ayudar a otras personas que contrataba por evento y así ganarán dinero también.

El ver este tipo de casos de personas que se están realizando como emprendedores, como empresarios, me hace seguir adelante con esto y me inspira más a seguir con los *Whatsappazos Millonarios*, con los libros, con los cursos, porque sé que en algún punto con alguna palabra, algún video o algún texto, alguien va a cambiar su vida.

Lo que hizo toda la diferencia en mi vida comenzó cuando empecé a tomarme en serio mi educación, mis sueños y a mí mismo.

Esto que te estoy diciendo puedes hacerlo por el camino largo o por el camino corto; el camino largo es el que yo escogí al principio: comprar un libro, tratar de aprender y tratar de aplicar lo aprendido sin buscar guías ni mentores; buscar un negocio barato o gratis desde la comodidad de mi hogar, sin esfuerzo máximo más que picar unos cuantos botones en la computadora y ya; tal vez buscar algunas conferencias gratis donde sólo te dan una "probada" del tema central de dicha conferencia o mini curso.

Ese es el camino largo porque no implica más esfuerzo más que sentarte y "aprender", no implica que eches a andar tu creatividad por ejemplo para conseguir el dinero que pueda pagar tu curso, por eso digo que ese es el camino largo, el camino barato, **claro que puedes llegar pero**, en mi experiencia, **tardarás mucho más tiempo.**

El camino corto, y es lo que marcó toda la diferencia, es cuando decidí invertir mis primeros $1,000 USD en mi educación, el primer entrenamiento de alto costo que pagué cuando decidí tomar mi educación en serio, me costó arriba de $3,000 USD, yo los pagué para educarme; y claro, empecé con mucha motivación y acabe haciendo NADA con ese curso, pero lo más importante es que en mi configuración mental estaba valorándome más alto. No importó si el contenido del curso me sirvió o no, el sólo hecho de hacer la inversión me sirvió para revalorarme y creer en mí.

Después invertí otros $3,000 USD, otro $1,000 USD, otros $97 USD mensuales, etcétera. **Además hice los cambios necesarios para transformar mi vida**, aquí es cuando por fin sucedió, cuando mis ingresos dieron un brinco. Todo por decidir invertir en mí.

No basta con que tomes cursos y entrenamientos gratis, enfócate en tomar cursos y entrenamientos de resultados, verás que eso es lo que hará toda la diferencia en tu vida.

SÉ ESCÉPTICO

¿Ya leíste el libro Los Cuatro Acuerdos, de Miguel Ruíz?

Éste libro del doctor Miguel Ángel Ruiz es un libro extraordinario que todo mundo debería de leer, y no sólo leer, sino llevar a cabo, estos Cuatro Acuerdos en su vida.

No te voy hablar de estos cuatro acuerdos porque vale la pena que los leas por tu cuenta. Te quiero hablar de otro libro que es la continuación de este y se llama El Quinto Acuerdo. Muchas personas tal vez ya leyeron los cuatro acuerdos pero el quinto no es un libro muy comercial pero tiene una verdad muy interesante que quiero compartir.

Este quinto acuerdo es: Sé escéptico; **ser escéptico no significa solamente cuestionar para encontrar mentiras o señalar**, o cuestionar para justificarse; no se trata de ese tipo de escepticismo, no se trata del tipo de escepticismo de negar la verdad de otro sólo para hacer válida la mía; **se trata del escepticismo en que te preguntas "¿y si sí?" es con el que buscas engrandecer el conocimiento y tu nivel de conciencia.**

Vamos a suponer que tú cuestionas lo que yo te he compartido en mis *Whatsappazos Millonarios*, y espero que así lo hagas; si por ejemplo yo te digo que *tus pensamientos se materializan y que la abundancia es energía y se vibra y sólo cuando la vibras la puedes atraer*, tú tienes dos opciones de escepticismo:

- La primera es decir: *"no te creo Uinic, eso no es verdad para mí y dejaré de escucharte"*.
- La segunda es: *"qué tal si lo que dice Uinic es verdad, déjame investigar por otro lado a ver qué tan cierto es lo que me está diciendo"*.

El segundo tipo de escepticismo es un escepticismo constructivo, porque **te estás haciendo preguntas que te van ayudar a adquirir sabiduría**, que te van ayudar adquirir un conocimiento más especializado y eso es lo que te invito que hagas; no que cuestionas nada más, y digas cosas como *"¿creo que si sabe?"*, *"a ver enséñame más"*, *"a ver dame más información gratis para ver si te creo"*; ese escepticismo no te funciona, con ese escepticismo no vas a construir riqueza; **si nada más dudas por dudar y no te pones a investigar a ver si es cierto lo que alguien te está diciendo, entonces no vas a construir la riqueza que estás buscando.**

Dicho esto te invito a que busques, a que investigues todos los temas que he compartido, todo lo que escuchas, **todo lo que recibes de mí y de otros mentores; investiga por tu cuenta, lee más pero con ganas de aplicar y aprender en tu vida**; ese nivel de escepticismo te acercará a la sabiduría.

¿ESTÁS HACIENDO QUE VALGA LA PENA O ESTÁS REPITIENDO LA HISTORIA?

¿Has hecho que valga la pena?

Te quiero preguntar, al momento de buscar educación alternativa, ¿realmente está valiendo la pena?, ¿realmente estás desarrollando un pensamiento crítico y creando tus propias verdades, o sigues haciendo lo mismo que te enseñaron hacer en escuela?

¿Qué es lo que te enseñaron hacer en la escuela?

El sistema educativo tradicional no está orientado a que desarrolles tu creatividad, ni a que tengas un pensamiento crítico.

El objetivo de la educación alternativa es que te cuestiones con afán de aprender, que investigues con afán de saber múltiples verdades, de tener múltiples conocimientos, pero **la verdadera razón de todo esto es para que tú encuentres tus propias verdades.**

En cambio, a ti te enseñaron en el sistema educativo tradicional a que memorices hechos, no a que aprendas sobre valores ni a que descubras o crees tu propia verdad.

Entonces, llegas a tu vida adulta y te das cuenta de que **eres un espíritu que busca libertad**, lo cual nunca te enseñaron, porque siempre te tuvieron atado, esclavizado; te educaron en un molde de producción en serie (de seres sin mente propia), por eso llevabas uniformes en las escuelas, recitabas de memoria textos que te dejaban de tarea, pero nunca te invitaron al autoconocimiento o a desarrollar tu creatividad; y **ahora te das cuenta porque al fin decidiste despertar.**

Pero, ¿cómo lo estás haciendo?, ¿sigues leyendo los mismos libros con títulos diferentes en donde te dicen: *"Libertad Financiera es cuando tus ingresos pasivos son iguales a tus gastos"* y pensando que realmente estás haciendo un cambio en tu vida aunque eso ya te lo sabes de memoria? ¿Sigues *"memorizando"* como te enseñaron en la escuela?

En la escuela sólo los mejores "*memorizadores*" eran los que tenían mejores calificaciones y los que catalogaban como "los más inteligentes". Pero ahora sabemos que **buenas calificaciones en la escuela no necesariamente te darán buenas calificaciones en la vida.**

Fíjate lo que está pasando en tu vida, lo más probable es que estés repitiendo los ciclos; te vuelvo a preguntar, ¿realmente estás haciendo que valga la pena?

El que alguna persona se esmere en verter su luz en libros como éste, grabando audios, vídeos, productos de información... *¿estás haciendo que valga la pena ese esfuerzo o estás repitiendo el mismo sistema que te enseñaron en la escuela?*

De qué te sirve memorizar si no experimentas, no buscas el conocimiento con sabiduría. El conocimiento es información aplicada, pero la sabiduría es cuando ese conocimiento no sólo lo aplicas sino que extraes tu propia verdad acerca de esas experiencias.

Entonces te vuelvo a preguntar ¿ESTÁS HACIENDO QUE VALGA LA PENA O ESTÁS REPITIENDO LA HISTORIA?

Te dejo con esa pregunta, reflexiona y comparte con otras personas que sabes que están en el camino de educarse y ser libres pero aún no saben cómo, o que aún le dan vueltas al mismo esquema de memorización una y otra vez sin resultados.

DEJA DE NEGOCIAR TU ABUNDANCIA

Yo sé que muy dentro de ti tienes la fe, convicción y consciencia absoluta de que **eres un ser más grande de lo que estás representando en esta vida**. Yo sé que tienes deseos de grandeza, de superación, de cambiar al mundo, de hacer algo verdaderamente impactante en este mundo y esta vida, que quieres hacer una diferencia en las personas que te rodean. Yo sé que te sientes preparado, que estás listo y en ese punto de ebullición en donde dices: " *estoy a punto de dar ese paso definitivo para vivir mi abundancia y éxito total*". Y ya sé que cada que escuchas mis *Whatsappazos Millonarios* o que lees un libro o que escuchas una conferencia, te caen los *veintes*, se rompen paradigmas y creencias limitantes, sé que descubres en donde debes poner atención y que te conviene cambiar. Y ya sé que sientes que *el terreno está listo* para que seas una persona abundante.

Vengo del futuro y vi a esa persona exitosa en la que te convertirás y quiero decirte que efectivamente YA ES TU MOMENTO; ya es momento de que llegues, de que vivas en libertad y abundancia, **simplemente necesitas alinearte y saber lo que hoy no sabes**, pero que te va a ayudar a llegar a esa posición de abundancia y éxito.

Eso que hoy no sabes, hay otras personas que ya lo sabemos y que te podemos ayudar a que lo sepas. Por eso te quiero decir, **paga el precio y deja de negociar tu abundancia**.

En la medida en la tu estés dispuesto a invertir en ti, es la medida en la que te van a llegar las riquezas.

Entonces deja de negociar tu abundancia, asiste a cursos, compra entrenamientos, sigue a mentores y haz lo que te digan o lo que veas que hacen; **si tienes que invertir, invierte y si no tienes dinero, consíguelo, pero paga el precio**.

Yo he abierto las puertas de mi *Club de Abundancia*, de mi *Coaching de Emprendedor a Empresario*, de mi curso *Power Ventas* y mis asesorías personales y si no has aprovechado estas puertas abiertas, es momento de que las aproveches. Y **si no soy yo el que te va a ayudar, busca quien te ayude, pero deja de negociar y buscar todo gratis**.

Este capítulo te puede ayudar para decir "*YA ES MOMENTO*" o simplemente lo puedes tomar como un capítulo más de un libro más.

Espero que hagas un cambio **YA** y que inviertas en tu educación. Si quieres saber más de lo que yo estoy haciendo, pregunta de qué se trata mi **Club de Abundancia**, mi **Coaching de Emprendedor a Empresario**, mi curso de *Power Ventas* o cualquier otro entrenamiento que tenga o recomiende. Conoce las opciones para tomar mejores decisiones.

¿QUIÉN DECIDES SER?

¿Quién decides ser? con respecto cualquier situación. Por ejemplo, si se te presenta una persona en la calle pidiéndote una moneda.

¿Decides ser indiferencia, juicio, compasión, amor, ayuda?

¿Decides ser una persona que no juzga y ayuda de corazón o que no da la moneda pero lanza una oración para pedir por su salud o su bienestar?

¿Quién decides ser?

Esa es la pregunta importante ante cada situación que te pasa en tu vida. Recuerda que todo lo atraes o lo creas, tú tienes lo que mereces, entonces…

¿Quién decides ser ante una situación de pobreza, ante una calamidad? O Ante una situación de riqueza o de abundancia.

Si tú decides ser algo que no crea, que destruye, que te autodestruye, vas a estar dando vueltas en un círculo vicioso y no vas a entender el verdadero propósito de esta situación.

Necesitas aprender a ver el para qué de la situación que estás viviendo y si tú eres una persona que siempre está emitiendo juicios, haciendo suposiciones, estás perdiendo el verdadero aprendizaje de esa situación que se te está presentando.

Entonces…

¿Quién decides ser?

Con base a tu situación de deuda, tu situación de carencia, tu situación de pobreza, tu situación de pereza, tu situación de ignorancia, en una situación de violencia.

Mi sugerencia es: busca las emociones y los pensamientos más elevados y conecta con ellos en cada una de estas situaciones. Ten la capacidad de observarte, como si te vieras desde arriba y observa quién estás siendo en ese momento y que esa conciencia tenga el poder de decir: "esto me ayuda y esto no me ayuda; esta decisión me conviene o no me conviene".

Pon atención en esto y pregúntate ¿Quién decido ser? y ¿Cuál es la expresión más elevada de mí ser?

EL PLAN DE TU ALMA

Quiero que me acompañes en este ejercicio: imagina por sólo un momento, que antes de nacer en este cuerpo eras un alma, e imagina que te pusiste a planear como querías que fuera tu vida... y que según el nivel de evolución que querías tener te pusiste diferentes experiencias que te ayudaran a alcanzar esa evolución deseada.

Pudiste decir por ejemplo: *"Para cuando tenga 40 años de edad humana debí haber aprendido a valorar a mi familia y mi salud antes que las riquezas materiales, y si no lo he aprendo me voy a mandar miseria y pobreza extremas acompañado de una esposa amorosa y comprensiva a punto de abandonarme"*... entonces le pides ayuda a algunos ángeles guardianes o a otras almas amigas, les dices: *"Si para los 40 años no he aprendido a valorar la vida de otros por encima de los bienes materiales, ayúdame siendo un jefe que me explota en el trabajo y no me deja salir temprano para ver a mi familia pero me paga muy bien... además que organiza sus reuniones de trabajo en burdeles para tentarme a conocer a muchas mujeres... si paso esa prueba y renuncio al trabajo, habré aprendido, si no la paso dame 2 años y me ayudas ahora con otra lección más fuerte"*... y esa lección puede ser una enfermedad crónica y mortal o pobreza y miseria o que tu familia te abandone y mueras triste y sólo.

¿Te das cuenta a donde quiero llegar?

Habiendo terminado tu plan simplemente vienes y encarnas en un cuerpo físico y comienzas a ejecutar ese plan.

La parte *truculenta* es que **cuando llegas a tu cuerpo OLVIDAS, y todo lo que está a tu alrededor incluidos tus amigos y tu familia, tratan de *"aterrizarte"***, o sea que dejes de vivir tu experiencia divina y te entregues a los placeres terrenales. Entras en un sistema capitalista y en un sistema educativo creado por los ricos para mantenernos ciegos y nos olvidemos de nuestro yo divino, de la creatividad, del juego, de la espontaneidad, del amor puro y genuino como lo tiene un niño.

La noticia aquí es que **aunque olvides tu plan no quiere decir que no siga en marcha**, se te presentarán las pruebas planeadas esperando que las superes, pero si no, **te va a llegar la siguiente prueba y la siguiente y la siguiente como tú mismo planeaste.**

Ahora, imagina tan sólo por unos segundos que eso fuera realidad, no estoy diciendo ni te estoy tratando de imponer una verdad, sólo te estoy diciendo IMAGINA QUE ASÍ FUERA, que tú hubieras planeado todo lo que pasa en tu vida y que tú mismo hubieras diseñado las pruebas que tienes el día de hoy. Qué pasaría si así fuera y en lugar de sólo quejarte preguntándote *¿Por qué a mí?"* te preguntaras *"¿para qué me planeé vivir ésta situación?".*

Imagina por unos segundos que esto fuera realidad y tú pensaras de esta manera, ¿cambiaría tu vida?, ¿serias responsable de todo lo que te sucede y asumirías las consecuencias de tus actos?

Te invito a que pienses de esta manera y cada que te sucede algo que no te gusta lo suficiente te preguntes:

¿Y si yo fuera el responsable?, ¿y si yo tracé este plan perfecto para evolucionar?, ¿cómo sería la mejor versión de mí después de superar este reto?

CREA TU VIDA DE EVENTO EN EVENTO

Hace poco estuve en un evento compartiendo con personas que se han ganado mi admiración y mi respeto, simplemente porque se dedican a transformar la vida de las demás personas y dan herramientas para su transformación. Estuvimos en un evento llamado *"Maestría en inversiones bursátiles"*, donde a más de 100 personas se les enseñan técnicas para iniciar, incluso sin dinero y sin conocimiento, a invertir en la bolsa de valores de México, en la bolsa de valores de Nueva York y en el mercado *Forex*.

La reflexión que surgió al final con este grupo de grandes maestros, con los que hemos logrado una sinergia, una confianza y un amor impresionante, nos dimos cuenta que realmente sólo nos vemos de **evento en evento**.

Entonces yo me puse a pensar, así es como se construye la vida cuando tú eres libre, próspero y abundante, cuando estás feliz creando tu vida lo haces, **"de evento en evento"**.

Por ejemplo, tu puedes decir "me voy con mi pareja de fin de semana, solos, sin tecnología, sin *WiFi*, únicamente mi pareja y yo para disfrutarnos uno al otro"; o que digas, "este mes me voy a conocer las cascadas del Niágara"; o "a conocer un nuevo país"... así es con esos eventos y experiencias increíbles es como creas tu vida.

Si vas de evento en evento, tu vida la estás creando a tu antojo; en cambio, **si tú vas de quincena en quincena**, de semana en semana, esperando la hora de salida, pesándote las sábanas en la mañana porque no quieres ir a trabajar o porque tienes una hora de entrada muy temprano a tu trabajo y no has descansado bien; si vives de esta manera es porque **alguien más está creando tu vida pero si vives de evento en evento, tú estás creando tu vida** y diseñándola a tu antojo y eso es vivir en verdadera libertad mi querido amigo, mi querida amiga, eso es dar un paso más para tu libertad. Y toma nota de que no te estoy hablando de términos económicos, **te estoy hablando de la concepción que tienes de tu tiempo y de tu propia vida.**

Reflexiona y piensa en la colección de eventos que vas a ir creando mes con mes, semana con semana y día con día para crear tu vida.

TODO ES PERFECTO

Quizá te has preguntado alguna vez *¿Por qué me pasa esto a mí?* Si yo soy una buena persona, trabajador, confiable, honesto.

¿Cómo es que me endeudo? ¿Cómo es que me enfermo?, etc.

Yo sé que tal vez cuando pasas por momentos de oscuridad te preguntas *¿Por qué a mí?*

Bueno, no está mal cuestionarte, **lo importante es hacerte las preguntas correctas** y en este caso la mejor pregunta sería: **¿Para qué...?**

El punto es que te des cuenta de que **todo es perfecto, todo lo que te sucede es para algo**; no hay casualidades, no hay coincidencias, no hay accidentes; todo sucede para algo.

Ante una misma situación puedes tomar diferentes decisiones, aquí es donde entra en juego tu libre albedrío. Tal vez dirás que hay veces que no escoges, que simplemente "así te tocó". Pues la "mala noticia" es que estás eligiendo NO DECIDIR y eso es una decisión...que traerá un resultado.

Consciente o inconscientemente **siempre decides de acuerdo a lo que quieres experimentar** ser o a la experiencia que quieres vivir o el aprendizaje que deseas obtener; por eso digo que todo es perfecto, porque te llevará a lo que deseas experimentar consciente o inconscientemente.

Por ejemplo, si lo que deseas es convertirte en un empresario(a) exitoso(a), quizás debes experimentar primero el fracaso rotundo, la humillación, la pobreza extrema o la carencia, para que entonces tengas de donde elegir y **puedas elegir conscientemente la prosperidad** trabajando todos los días en ella, valorándola y agradeciéndola, porque **si se te es dado sin que tú lo valores, lo agradezcas y lo trabajes día con día con tus pensamientos, palabras, acciones y emociones, lo perderás.**

Por eso es que todo es perfecto... todo sucede para algo. Pregúntate ¿para qué? Y después **relájate y fluye con cada situación sin tomártelo muy en serio**; sólo enfócate en el resultado y sigue avanzando.

EL INGREDIENTE SECRETO PARA TU PROSPERIDAD

Quiero que tengas al fin ese ingrediente secreto que traerá prosperidad a tu vida para siempre; ya te lo he dicho antes e incluso puedes pensar que ya lo sabes y que ya lo entendiste, así que te voy a dar algunos secretos para saber si de verdad ya lo has entendido.

Y es que este ingrediente es como el chocolate del pastel de chocolate, que si no se lo pones, no obtienes el resultado deseado.

Y ese ingrediente es... (Redoble de tambor...)

TÚ...Si tú, ese TÚ en esencia. Los libros, los coaches y todos te dicen que debes ser tú mismo, seguro has escuchado eso y ya lo has entendido pero tal vez te has de preguntar **¿qué quiere decir ser yo mismo?** Siendo yo mismo no tengo los resultados que quiero, así que necesito parecerme a alguien más, parecerme a esa persona de éxito hasta que yo también tenga los resultados que quiero...y tienes razón.

Lo que tienes que comprender es que ser auténtico, ser tú mismo, no significa por ejemplo ser perezoso; un perezoso no se va a preocupar por prepararse y crecer cada día. **Una persona auténtica vive en armonía consigo misma, entiende que está aquí para prepararse y trabajar en su persona todos los días; va a estudiar, a ser mejor, a experimentar sus emociones, su esencia, su espíritu.**

Para vivir como tu verdadera esencia **déjate experimentar quien verdaderamente eres.**

Te pongo un ejemplo de mi vida personal.

Hace un par de días renté un inflable para que mis hijas jugaran y me subí a jugar con ellas porque ellas me lo pidieron, al estar ahí, también me tocaba brincar a mí, no estar en un rincón inmóvil.

Con esto te digo que ser auténtico es ser libre. Ser lo que realmente eres, dejar salir el niño que llevas dentro, o al romántico, al amoroso; **déjate experimentar, déjate vivir y conviértete en la mejor versión de ti en cada momento.**

No confundas el ser auténtico con ser perezoso, no dejes pasar oportunidades de vivir por decir *"yo no soy así"*, pero tampoco te la pases tratando de aparentar que eres otra persona, sólo sé tú.

Así que, el ingrediente secreto, el chocolate del pastel de chocolate es **SER AUTÉNTICO** y trabajar en ser una mejor persona cada vez, ese es el verdadero ingrediente mágico.

LA AYUDA DIVINA QUE HAS ESTADO PIDIENDO

Esta pregunta deberías hacerla con verdadera conciencia y responderla con toda honestidad:

¿Qué te hace falta para lograr vivir en ese estado de abundancia y libertad que tanto has estado anhelando?

Para ilustrar éste capítulo te voy a contar un chiste: Era un hombre arriba de una casa orando a Dios que lo salvara en una gran inundación.

Mientras estaba orando se acercaron unas personas en una pequeña lancha y le dijeron que se subiera, a lo que él respondió:

- *"¡No!, estoy esperando a que Dios me ayude"*

Luego se acercaron unos rescatistas en un bote de motor y le dijeron:

- *"¡Sube, antes de que te ahogues porque el agua está subiendo!"*

A lo que él dijo nuevamente:

- *"¡No!, estoy esperando a que Dios me ayude"*

Por último llegó un helicóptero y le dijeron:

-*"¡Sube porque ya está a punto de inundarse todo y te vas a morir!*

A lo que él respondió muy convencido:

-*"¡No!, porque estoy seguro que Dios vendrá a salvarme"*

Y seguía con sus oraciones, hasta que se ahogó miserablemente.

Cuando llega al cielo y se presenta ante Dios el hombre le pregunta:

-*"¿Por qué no me salvaste?" y Dios le responde:*

"¡Si serás bruto!

Te mandé una lancha, un bote y un helicóptero y nunca te subiste, ¿qué esperabas? ¿Mi mano?"

Esta historia suena algo cómica, pero la verdad es que en más de una ocasión la mayoría hemos caído en esa situación, pedimos "señales" al Universo o a Dios o a quien sea, esperamos que literalmente llegue un "bote salvavidas" que te saque de esa carencia o terror financiero, y **cuando se te presentan las oportunidades simplemente no las tomas porque estabas pensando que tal vez tenía que ser más fácil, más barato o más rápido y sin tanto esfuerzo, tal vez piensas que de algún modo te va a llegar una herencia o te sacarás la lotería o alguien confiará en ti para dejarte un negocio ya funcionando que te asegure la vida**, pero así no funcionan las leyes de abundancia.

Lo que te llega, te guste o no, es porque algo necesitas aprender a partir de ahí, entonces **¡Ya basta de estar esperando a que todo sea "perfecto"... ¡YA LO ES! Si tienes que invertir hazlo, si tienes que fracasar hazlo... ¡ya es momento de que vayas por tu Libertad!**

Si te va a costar dinero, tiempo, esfuerzo, lágrimas, sudor, PAGA EL PRECIO... vale la pena. Yo ya te he dado opciones para que puedas escribir un libro, hacer negocios por internet, mejorar el negocio que ya tienes, pasar de emprendedor a empresario, crear un negocio de 6 cifras empezando con tu libro y más... el punto es que YA lo hagas.

Si no has entendido por qué no tienes esa abundancia, entonces inscríbete a mi *Club de Abundancia*, ahí es donde desciframos cada uno de los puntos exactos que necesitas para poder vivir en abundancia y éxito total para toda tu vida.

No seas esa persona del chiste que te conté al inicio, toma las opciones que se te presentan, SON LAS QUE HAS ESTADO PIDIENDO... deja el miedo de lado y ve por tu libertad. Ya invierte en tu educación, en la guía y asesoría de quien sabe y ya lo hizo.

LOS 3 PILARES DE TU SABIDURÍA

Estos **3 Pilares** son tres cosas que tú debes saber, que debes responder con total claridad y conocimiento. De hecho, hay personas que pasan toda una vida sin poderlas responder. Desde mi perspectiva y con base en lo que he aprendido, tener la respuesta a estas preguntas es un punto crucial en la vida de todo ser humano. Las respuestas a estas preguntas pueden ser subjetivas, o sea, que la respuesta de una persona, no necesariamente va a coincidir con la respuesta de otra; podrá haber similitudes pero cada respuesta es individual; puedes ayudarte de maestros para que te guíen a encontrar las respuestas pero al final quien tiene las respuestas eres tú. Entonces, la respuesta a estas 3 preguntas son las que te van a llevar a vivir una vida de abundancia y prosperidad:

¿Quién eres? o en su defecto ¿Quién quieres ser?

Si no sabes definir quién eres, entonces define ¿Cómo quién te gustaría ser? ¿Cómo te gustaría ser?

Con esta pregunta, vas a entender que cada situación que pasa en tu vida no define quién eres, si no al revés, **con base en quién quieres ser es como te sucede cada situación en tu vida.**

La siguiente pregunta es *¿Para qué existo en esta vida? O sea ¿Cuál es mi propósito o misión de vida?*

Debes saber con precisión cuál es tu misión aquí en la tierra.

En mi opinión, **una de las principales misiones del ser humano es evolucionar**, crecer y ser una versión más elevada de tu ser.

Sabiendo la razón de tu existencia te será más fácil tomar decisiones importantes.

Y la tercera pregunta o concepto que debes entender **son las verdades universales**, hazte preguntas del tipo: *¿Cuál es la verdad acerca de las relaciones humanas?, ¿Cuál es la verdad acerca del amor?, ¿Cuál es la verdad acerca del sexo?, ¿Cuál es la verdad acerca de vida en otros mundos? Si existe o no y ¿Por qué? ¿Cuál es la verdad acerca de los sistemas sociales que tenemos? Si son los adecuados y si me sirven a mí y a la humanidad, ¿Cuál es mi papel en esta sociedad?, ¿Cuál es la* *verdad acerca de esta "Matrix"? Existe o no y si existe ¿Cuál es mi papel en ella?*

Necesitas entender estos conceptos universales para desarrollar un elevado nivel de conciencia y dejar de "preocuparte" por lo que vendrá en tu vida sino comenzar a ocuparte por lo que CREARÁS en tu vida.

Estos **3 pilares** los irás descubriendo y entendiendo a lo largo de tu vida, mientras mayor fluidez en tus respuestas a estas preguntas milenarias tengas, mayor será tu evolución, y con ello, mayor será tu prosperidad.

Si quieres saber más, busca la ayuda de maestros, consulta mis demás libros en *Amazon.com* o consulta mi página y suscríbete a mi boletín en www.UinicCervantes.com para saber que herramientas tengo para ti que te ayudarán a responder esas preguntas milenarias que traerán prosperidad a tu vida.

ESTE ES TU PROPÓSITO DE VIDA

¿Sabes tú propósito de vida?

Me refiero a una razón genuina, algo que te mueva, eso que te impulsa desde el fondo de tu corazón, eso que te hace sentir cosquillas cada que lo piensas, ese motivo que te hace saltar de la cama a primera hora sin necesidad de reloj despertador; y además hace que te levantes "de buenas"; quizá te hace trabajar hasta altas horas de la noche e incluso fines de semana... todo con tal de construir ese sueño... bueno, si aún no lo tienes, es momento de que lo hagas.

Yo considero que hay un propósito de todos los seres humanos y ese propósito es LA EVOLUCIÓN, el crecimiento, el desarrollo personal, ser la mejor persona que puedes ser y conocer la mejor versión que existe de ti, que viene desde el fondo de tu alma, que viene de la conexión con la fuente de poder, con la fuente de energía, con el universo, con Dios o con lo que sea en lo que tú creas.

No sé si al día de hoy, ya tienes ciertas metas que te hacen sentir exitoso, abundante y en dirección a lo que quieres. Lo que sí sé es que **si pones TU EVOLUCIÓN como propósito, te va a dar satisfacción en tu vida**. Para conocer la mejor versión de ti, quizá es necesario conocer la peor versión de ti; si sólo conoces lo bueno, ¿Cómo puedes saber si realmente lo quieres?

Entonces, no te preocupes si alguna vez te ha tocado fallarle a alguien, si has quebrado un negocio, si te has endeudado; es normal, porque **para conocer la versión próspera de ti a veces es necesario conocer la versión miserable de ti**. Entonces, si ya lo conociste, ahora toca experimentar tu versión próspera y abundante.

¿Sabes? Abundancia, no sólo es dinero, es también tener tiempo, para ti, para tu familia, para tus amigos, tiempo para Dios, para tu desarrollo espiritual e intelectual; se trata de que leas, de que crezcas, de que experimentes, de que viajes, que conozcas la gastronomía mundial, que pruebes los deliciosos platillos que existen en los diferentes países (un Ceviche Peruano, la paella en España, unos Tacos Mexicanos), que pruebes todas las maravillas que existen en el mundo, que te tomes fotos, que no sólo visites los lugares emblemáticos como La Torre *Eiffel* o El *Big Ben*. Se trata de que experimentes todo lo que puedas, que hagas viajes de fin de semana a lugares cercanos a dónde vives: a algún Pueblo Mágico, algún lugar virgen, o algo más que puedes conocer con el simple hecho de atreverte a salir de tu zona de confort; aprende a creértelo, aprende que todo es posible, **date permiso de experimentar, no todo debe ser trabajo y economía.** Busca otras experiencias y eso te acercará a vivir con un espíritu más grande y evolucionar.

TODO ES TEMPORAL

Quiero hablarte de que el trascurrir de **tu vida es idéntico al de la naturaleza: no se equivoca y todo lo crea perfecto**... nosotros los humanos somos quienes nos empeñamos en alterar esa naturaleza.

A todos nos ha pasado tenemos días o temporadas de júbilo y éxito, donde da la sensación de que todo te sale bien; si vas manejando todos los semáforos se ponen en verde, si estás en el trabajo todos te sonríen y hacen cosas por ti, todos están felices y contentos de que trabajes con ellos, todo te expresan su reconocimiento; seguro has tenido meses muy buenos en los que ganas mucho dinero y tal vez dinero inesperado.

Aunque también está la contraparte, hay días medianos y hay días muy bajos; están los peores días de tu vida donde sientes que todo te sale mal; o meses que puedes decir "estoy quebrado", "¿por qué se me acaba el dinero?", "¿por qué me sigo endeudando?", "éste mes tengo menos dinero que el anterior"... y a veces sucede que a un mes muy bueno le sigue uno muy malo, y luego un mes mediano, y luego un mes muy malo y así como si fueras en una montaña rusa.

Éstas son las estaciones; visualiza las estaciones del año: primavera, verano, otoño e invierno; tú también vives en estaciones, también te pasa que tienes el verano, la primavera, el invierno y el otoño; no necesariamente en ese orden.

El punto es que muchas personas se quejan tanto del invierno, de lo mucho que han perdido y se quejan cuando "no hay" y lo que hacen es literalmente hibernar y se quedan sin hacer absolutamente nada para salir de esa hibernación.

¿Qué sería lo inteligente sabiendo que vas a tener invierno? Pues hacer lo que hacen los mismos animales NATURALMENTE: prepararte para el invierno; ellos juntan sus provisiones, guardan lo que requieren, tienen un "colchón" para sobrevivir todo el invierno sin necesidad de salir. Eso es lo que deberíamos hacer, es lo natural.

Te vuelvo decir **todo es temporal**. El hecho de que ahorita estés quebrado no significa que así será toda tu vida; el hecho de que hoy no te salga algo bien, no significa que así va hacer toda tu vida... sólo es temporal.

Platicando con un amigo mío empresario, me dijo "**mi plan de negocios favorito es el que lo hago, lo hago y lo hago, hasta que me sale**"; porque él sabe que si no le sale bien en este momento, solo es temporal, en algún momento le va a funcionar.

Y si esto sucede cuando algo no va bien, funciona igual cuando todo va bien. Cuando llevas una buena temporada, crea patrimonio, guarda provisiones para el invierno; y si nunca llega: PERFECTO, pero si llega: estarás preparado.

Entonces **no te tomes las cosas tan a pecho, no te tomes como si el mundo fuera contra ti, simplemente vive y disfruta las estaciones de tu vida, identifica si estás en primavera cuando todo florece, después tienes que sembrar, recoger, cosechar, prepararte para invernar.**

¿Qué es lo que tienes que hacer en este momento de tu vida?

Identifícalo y hazlo, simplemente relájate y disfruta el proceso; date cuenta que todo es temporal y es natural

Esto que te acabo de decir es simplemente una forma de pensar con esta mentalidad de abundancia, relajarte, vibrar con la naturaleza y darte cuenta que **"todo es temporal"**.

NO IMPORTA LA EDAD, TÚ PUEDES SER FELIZ SI SIGUES TU PASIÓN

Mi maestra de *Tai Chi* es una persona jubilada que tiene 8 años de dedicarse a ésta disciplina y lo que hizo toda su vida fue psicología y matemáticas, porque según se estuvo preguntando toda su vida lo qué sucedía con el cerebro, por qué piensas como piensas y actúas como actúas; empezó a investigar al respecto y se dedicó a la docencia.

En una ocasión me contó que cuando tenía alrededor de 20 años ella decía: *"La sociedad me va a demandar cierto estilo de vida: casarme, tener hijos, trabajar una carrera, tener estabilidad financiera"*.

Entonces, dijo: *"Lo voy hacer; voy a dejar pasar el tiempo necesario y entonces me reencontraré con mi pasión cuando mis hijos crezcan, ya que no me necesiten y que tenga mi supervivencia asegurada"*.

Dicho y hecho, tal cual lo decretó, así pasó; se casó, tuvo hijos, crecieron y justo en el momento en el que sus hijos ya no la necesitaban y con la edad suficiente para buscar su jubilación con la cual tendría el sustento asegurado, se le presentó una opción para seguir con su pasión, para encontrar esas respuestas a las preguntas de la humanidad... así es como se adentró a la disciplina del *Tai Chi* y desarrolló una tesis de doctorado en donde explicaba cómo actúa la gente y por qué.

¿Por qué te cuento todo esto?

Por el mensaje final que ella nos dijo en la reseña de su vida: *"Desde que pasó eso hace ocho años, estoy viviendo la vida de mis sueños, soy feliz, soy plena y estoy realizada..."*

Después concluyó diciendo: *"...ahora me pregunto qué pasaría si desde los 20 años hubiera seguido mi pasión y no hubiera seguido el camino que todos piensan que es el normal..."*

Como paréntesis, aquí nos damos cuenta del poder de los cuatro niveles de creación.

Entonces ella se pregunta eso y dice "*...no importa, ya pasó, pero hoy disfruto mi presente y soy feliz*". Eso es sumamente importante, ella está feliz y realizada.

La pregunta para ti es la siguiente:

¿Estás siguiendo tu sueño, tu pasión, tu misión? o ¿sólo estás cumpliendo lo que la sociedad "dice" que es normal?

¿Normal para quién?, **no se te ha ocurrido que alguien inventó un sistema educativo en el que te hacen pensar de manera lógica y racional, y todos los que sean creativos e inventores, los que piensan de manera creativa y no lógica, son "desordenados", "desubicados" e irresponsables;** ¿Por qué crees que te gusta tanto cuando escuchas alguna melodía que te deja sin habla y te mueven emociones?, ¿por qué obras de arte que en cuanto las ves, aunque no las entiendas, te hacen sentir en otro mundo?; ¿Por qué crees que pasa eso?, porque eso es lo que viniste a desarrollar, a trabajar con tu alma, a trabajar con tu imaginación y tu mente, a conectar con el universo; **no viniste simplemente a trabajar para hacer dinero y pagar tus cuentas.**

Te comparto esto para que te des cuenta **que no importa la edad, tú puedes ser feliz si sigues tu pasión**; y que **es muy importante lo que declaras hoy, porque así va a ser tu vida.**

COMPARTE TU ABUNDANCIA

Imagina que de pronto en nuestra economía se dejara de usar la moneda y volvemos al trueque, a ese intercambio entre objetos, bienes y servicios. Sé que suena difícil pero sólo imagina que en todas las naciones se hablara de compartir la Abundancia que hay en la Tierra; que se compartiera realmente con amor y generosidad y que la base del éxito no fuera individual, no fuera el ver cuántos millonarios hay en mi país sino que fuera cuánta pobreza y cuánta hambre hemos erradicado.

Si todas las naciones trabajáramos unidas y compartiéramos la Abundancia que hay en la Tierra… ¡Sería genial!

Hay países que tienen recursos que otros países no tienen. En algunos países que no se puede sembrar por el frío extremo, otros donde abunda el agua o el petróleo, otros en cambio tienen selvas y bosques. Hay una infinidad de recursos que alcanzarían para cubrir las necesidades de todos si se compartieran.

El punto es que no se está repartiendo la riqueza de manera equitativa. En cambio lo que ha sucedido es pelear y arrebatar esas riquezas sin comprender que **toda la Abundancia que existe está aquí para todos los habitantes de este planeta**, no sólo para sus países.

En algún momento dejamos de compartir y comenzamos a arrebatar y pelear por tener más y ser mejor que los demás. En algún momento faltó amor y predominó la avaricia y la necesidad de poder.

Si comenzáramos a reflexionar y miramos desde el amor, podría ser fácil, **no sólo compartir sino evolucionar como humanidad.**

◊ ◊ ◊ ◊ ◊ ◊ ◊ ◊ ◊

Quiero contarte acerca de una tribu andina, los Tiahuanacota.

Su cultura es impresionante, ya que sin ejército, logró extenderse a varias regiones. Ellos existieron contemporáneos a los romanos, que, contrario a los Tiahuanacota, extendían su territorio a base de lucha y fuerza, por consecuencia estaban acostumbrados a ciertos vicios y placeres. Mientras los romanos expandían su territorio a base de guerra, los Tiahuanacotas lo hacían a base del amor y del respeto.

Los Tiahuanacotas, tenían una grandeza de pensamiento y de consciencia admirable. **Cuando ellos sembraban, pedían permiso y daban gracias a la tierra y al cosechar, únicamente se quedaban con lo que les era necesario y el resto, sus mejores cosechas, las repartían entre las comunidades vecinas y obviamente recibían el mismo gesto y esto permitía que gozaran de amor y buena salud.**

Lo que ellos hacían no era un trueque, era algo mucho más elevado, ellos "daban" y eso es una expresión de amor y de consciencia mucho más elevada. De hecho si a alguna tribu no se le daba la cosecha, ellos les daban para comer y no se generaba una deuda porque quien ayudaba lo hacía con desapego y quien recibía sabía que después le tocaría ayudar a alguien más... se iniciaba una "cadena de favores".

Esto hacía que siempre estuvieran pensando en el bienestar del otro. Por esa razón no había delitos en esta civilización y si llegaba a haber alguno, ellos tenían a sus sabios, que hacían el juicio y decidían cómo se repararía el daño. De hecho en las ruinas que se han encontrado no hay indicios de violencia.

Al parecer esta civilización dejó de existir mucho antes de la conquista de los españoles y se dio paso a nuevas civilizaciones con diferente ideología.

Mi pregunta es, *¿por qué si esto ya existía y funcionaba, se acabó?, ¿por qué no volver a esta manera tan natural de vivir y compartir?*

Espero reflexiones y te abras a COMPARTIR TU ABUNDANCIA.

EL AMOR Y LA MACROECONOMÍA

Si volviéramos a tener la conciencia de compartir, nuestro nivel de evolución sería más elevado.

Independientemente de pensar si se puede o no, para llegar a vivir en este tipo de ideología requerimos un ingrediente principal: AMOR.

¿Por qué el amor?

Pues porque **el amor es la emoción de más alta vibración**. Si tú crees en Dios, Dios es amor. Si crees en las relaciones humanas, las relaciones humanas se crean con base en el amor. Si tu trabajo lo haces con amor, resulta mejor. En lo que sea que creas, si le pones amor, está garantizado el éxito; pero si le pones el amor pensando sólo en el éxito, ya no lo estás haciendo con verdadero amor, lo estás haciendo por interés; hay que tener cuidado con esa sutileza.

¿Qué pasaría si en el mundo existiera una transparencia total?

Cuando amas no existen secretos, y no me refiero a que digas lo que piensas todo el tiempo. Obviamente existe también la intimidad pero tener intimidad no quiere decir que existan secretos.

Cuando yo hago algún diagnóstico o entrevista telefónica, pregunto a las personas cuánto ganan. La mayoría de ellos se sienten incomodos con esta pregunta... eso es porque nos han enseñado a tener secretos.

Quizá se incomodan porque tienen miedo a la extorsión o al robo, o quizá porque les apena decir cuánto ganan y que los juzguen pensando que son unos mediocres. O quizá ganan tanto que les da pena ganar tanto mientras otros se mueren de hambre.

Todo esto ¿no te parece extraño?, que alguien oculte cuánto gana, que sea tan fácil manipular cifras en las declaraciones de impuestos, que sea tan fácil lavar dinero, que sea tan fácil ganar muchísimo dinero y tener altísimos márgenes de utilidad en todo lo que se vende.

Si existiera una transparencia total, se acabarían las injusticias.

Imagina que tu vecino gana menos que tú, tiene hijos, tiene dos o tres trabajos, su esposa trabaja también y aun así no les alcanza.

¿Qué harías sabiendo eso?, ¿seguirías a gusto sabiendo que tu vecino está pasándola mal?

Yo no. No estoy seguro si le daría dinero a esa persona, lo que si estoy seguro es que buscaría la forma de ayudarle.

Si todos supiéramos cuánto ganamos y las necesidades presentes que tenemos, estoy seguro que haríamos algo al respecto, porque la humanidad en esencia es amorosa pero eso se ha escondido, se le ha puesto un velo a ese amor porque a los que tienen el poder del dinero y el poder político, no les conviene que la gente se una, que la gente coopere, porque entonces sus riquezas se caerían.

Si todas las empresas supieran cuánto ganan sus empleados, si no hubiera diferencia en lo que gana una persona que hace el mismo trabajo que otra, sólo por el sexo o la raza. Si eso no existiera en la humanidad estaríamos un paso más allá de la evolución.

Y yo, Uinic Cervantes, creo que **todos los seres humanos estamos aquí para buscar la mayor evolución de cada uno**, para crecer, para desarrollar nuestra mente, alma y espíritu, yo creo firmemente que ese es el único destino que vinimos a trabajar, la evolución personal. Si con tu evolución personal ayudas a otros, perfecto... pero si sólo te ayudas a ti, también perfecto, lo que sea que hagas, hazlo desde el amor.

Eso es lo que va a garantizar el éxito o el fracaso de nuestra sociedad.

Esto quizá creas que es una utopía, algo difícil de lograr. Quizá este cuerpo que tenemos no va a sobrevivir el tiempo necesario para ver los cambios, o tal vez sí.

Utopía o no, imposible o no, *¿qué pasa si tú lo crees?, ¿qué pasa si desde hoy dejas la corrupción?, ¿qué pasa si desde hoy ves menos televisión y lees más?, ¿qué pasa si desde hoy comienzas a plantar árboles?, ¿qué pasa si desde hoy dejas de explotar a tus empleados?, ¿qué pasa si desde hoy eres más transparente con tus empleados, con tus clientes, con tus proveedores?*

¿Qué pasa si haces las cosas con amor?

Es difícil pensar en un cambio macroeconómico o geopolítico pero lo que puedes hacer es empezar tú, desde tu casa, desde tu negocio, desde tu vida. Si haces esto, si pones tu granito de arena, te prometo que estás contribuyendo al gran cambio de conciencia. Recuerda que la cadena se rompe por el eslabón más débil. Si te vuelves un eslabón fuerte actuando desde el amor, desde la empatía, desde ver al otro como parte de ti mismo, desde ver en el otro la divinidad que existe en cada uno de nosotros, tú te estás fortaleciendo y ya no vas a ser el eslabón más débil y así fortalecerás la cadena.

MÁS GRANDE Y MEJOR

Antes de la conquista en Mesoamérica, las civilizaciones crecían y extendían su territorio al compartir su filosofía y enseñanzas. Así se dio su progreso. Mientras que en la cultura occidental, el crecimiento era a base fuerza, violencia y despojo.

La llegada a nuestro continente de la cultura occidental, ocasionó un choque de creencias y creó nuevas formas de actuar y de pensar que a su vez dieron paso a nuevos paradigmas y sistemas sociales.

Al ser conquistados a base de fuerza, violencia y despojo, se implantó en nuestro cerebro primitivo la búsqueda de la supervivencia a costa antes que todo... la protección "a muerte" de lo que "es mío" antes de que me lo quiten. Ese "programa mental" de "miedo a la conquista", ha hecho estragos en nuestra economía y en nuestra forma de relacionarnos con el dinero, con la abundancia y con el éxito.

Por eso es muy común que en muchas culturas mesoamericanas exista carencia económica y un pobre desarrollo en general. Porque desde "la conquista" se quedaron grabados los programas mentales de "mejor me como lo que tengo antes de que me lo quiten".

Y esta conquista sigue presente en la actualidad con un sistema económico que beneficia a los hambrientos avaros y codiciosos con el único objetivo de TENER MÁS, SER MÁS GRANDE Y MEJOR que el otro.

Afortunadamente estamos entrando en una era de cambio de conciencia, ahora te toca a ti.

Mientras tanto, reflexiona sobre esto:

La idea de tener más, ser más grande y mejor, ¿nos beneficia a todos como sociedad? O es una idea que ya no nos funciona para evolucionar.

CUIDA AL VIEJITO QUE SERÁS

Hace poco tiempo falleció un primo mío. Era joven, tenía alrededor de 35 años, poco tiempo de casado y con 2 hijos pequeños; tenía un negocio muy próspero, donde daba empleo a dos de sus hermanos además de dar empleo a otras personas. Era una empresa pequeña, de 10 a 12 personas, pero a pesar de que le iba bien y de que estaba haciendo cosas buenas por su comunidad –era líder de una asociación y miembro de un consejo de jóvenes- tenía *un pequeño inconveniente,* y es que nunca se preocupó, al igual que *el 90% de los emprendedores, de que su negocio funcionara sin él.* Entonces, cuando ya no está el dueño, es cuando verdaderamente se n los problemas.

Veamos, hablando de manera general, fallece el dueño de un negocio y entra el caos, cunde el pánico. Después de superar el duelo alguien debe hacerse cargo y ahí es cuando observas que el negocio lo mantenía vivo el dueño. Hay negocios que tú tal vez conozcas, visites e incluso consumes, pero ni siquiera conoces al dueño ni tienes idea de quién es; jamás lo has visto, no tienes idea de cómo es; no sabes si es un dueño, si son varios o incluso si es una dueña.

Entonces aquí el inconveniente que tenía mi primo es que *nunca se ocupó de documentar sus procesos. No trabajó en hacer órdenes de compra ni perfiles de puestos o de automatizar sus procesos. No tenía manuales de operación que le dijeran cuál era el paso 1, 2 y 3…, tampoco se preocupó de medir indicadores ni saber la rentabilidad de su empresa con sólo leer los números;* básicamente solo se ocupaba de la operación, la venta, la producción y listo. Es decir, vendo, cobro y entrego. Luego vuelvo a vender, cobrar y entregar y en el transcurso "medio hago" la administración, contabilidad o y finanzas o algunas otras cosas para mantener vivo el negocio. Si tu negocio funciona así, cuando llegue el momento de retirarte, NO PODRÁS HACERLO.

Lo que te quiero decir con esto -y en mis cursos lo promuevo- es **CUIDA AL VIEJITO QUE SERÁS;** o sea prepara tu futuro.

Estoy seguro de que has escuchado o leído estas ideas: *"Posterga la gratificación", "Trabaja por tu sueño", "Trabaja de lunes a domingo durante 5 años en lugar de trabajar de lunes a viernes durante toda tu vida".* Todas estas ideologías que los "gurús" nos han "metido en la cabeza" a todos los emprendedores, nos llevan a vivir en el futuro.

Haces un collage, haces tus decretos y todo lo piensas en FUTURO y lo único que haces es vivir una vida de ensueño pero siempre en el futuro, sin hacerla real; **sueñas con la famosa *"libertad financiera"* pero nunca te tomas el tiempo de entender qué significa para ti.**

Ya te lo he dicho en mis libros y *Whatsappazos Millonarios* que la libertad financiera la debes vivir hoy y **la manera en que te mueves día a día, está yendo en contra de vivir esa libertad financiera hoy.**

NEGANDO EL PRESENTE

Desafortunadamente es muy común que nosotros no estemos preparados para una situación trágica, por lo tanto nuestra familia no está preparada tampoco. A veces llega el punto en que estás trabajando por un mejor futuro para ti y tu familia y a la vez estás sacrificando muchas cosas... o sea estás *postergando la gratificación*.

El concepto de **Postergar La Gratificación tiene muchas cosas buenas que decir a su favor, pero antes de aplicarlo pregúntate cuál es el costo de ese sacrificio y pregúntate si realmente vale la pena el costo que estás pagando por ese futuro que todavía no llega**, ese futuro que ni siquiera sabes si vas a disfrutar cuando lo tengas o si cuando llegue ese futuro estarás trabajando por el de más adelante.

Todas las herramientas de visualización y decretos está bien que los uses, incluso yo lo promuevo y te doy técnicas para que lo hagas... hasta te enseño cómo trabajar con tu memoria del futuro pero, *qué sucede con esas personas que viven en el pasado culpándose por lo que no hicieron, sintiéndose mal por su quiebra o estancados en su éxito de hace 10 años que les permitió tener fama y fortuna por "10 minutos" pero que ya pasó.*

Quizás vas a terapia, haces constelaciones familiares o vas con un psicólogo o psiquiatra para descubrir qué sucedió en tu PASADO que te está afectando hoy... te van a decir que tus papás, hermanos o vecinos te dejaron "traumas" y por eso le tienes miedo a las arañas o al éxito o a hablar en público o al dinero. Todo eso es verdad, pero no eres el único, a todos nos pasó. Decía el *Dr. House "sea como sea, tus padres siempre te van a 'joder' la vida"* (como siempre con su característico humor ácido y palabras altisonantes).

Entonces **¿qué hacemos pasado?** Muy simple, tienes la opción de seguir buscando en tu pasado y hacerte preguntas interminables para descubrir por qué le tienes miedo a los alfileres o tienes la opción de decir *"hay muchas cosas que me afectaron de mi pasado que hoy están determinando mi presente pero decido dejarlas atrás y transformar mi sistema de creencias, mi sistema emocional, mi sistema espiritual y, en cada una de las dimensiones que componen mi ser; hoy hago el cambio que necesito para tener un nuevo resultado".*

¿Eliges Quedarte como muchas personas que se atoran y se quedan "trabadas" en el pasado o como las otras que viven esperando un futuro ideal que no ha llegado?

¿Y el presente qué?

Vivas en el pasado, en el futuro o en el presente, el único tiempo que existe es el **HOY**.

Hay una película que me encanta porque te deja muy clara este mensaje: *"The Peaceful Warrior"*. En esta película, el protagonista es un gimnasta de alto rendimiento muy joven, ambicioso, tenaz que constantemente está buscando formas de crecer y de ser mejor. Al entrar en competencia con otros le gana la soberbia y como su único enfoque es la fortaleza y destreza física, se olvida de estar consigo mismo, de dedicarse tiempo; vive en los éxitos del pasado y en el futuro que aún no llega, simplemente preparándose. Pero no es hasta que entiende que debe vivir en el presente, aprender a escucharse, a escuchar al medio ambiente y a su cuerpo y actuar en consonancia a eso que está escuchando, cuando logra cosas increíbles, rompe récords y gana todas las medallas.

Como ya dijimos, está el caso de los que viven en el pasado, ya sea por las glorias o las penas que tuvieron y de los que viven en el futuro, idealizándose con algo increíble, pero en ambos casos están **NEGANDO EL PRESENTE** y al negar el presente te estás negando a ti.

¿Qué debemos hacer entonces? *Ama tu presente, vívelo y disfrútalo porque es el único que existe; sólo existe el aquí y el ahora.*

LA CUENTA DEL PLACER Y DEL AÑO SABÁTICO

Si quieres finanzas totales, sanas y exitosas, entonces necesitas aprender las leyes de universo. No están separadas las leyes del universo con las leyes del dinero; al contrario, las leyes de abundancia son iguales para todas las áreas de tu vida. Existe la abundancia espiritual, material, económica, física, de relaciones, etc.

Tener prosperidad y abundancia significa ser exitoso en todas las áreas. Tener lo suficiente de todo lo que quieres que te hace sentir bien; fama, dinero, amor, sexo, TODO. Rompe esos mitos y tabús de que si tienes mucho (de cualquier cosa) es malo.

En mis cursos te comparto las **7 cuentas de la riqueza** –no es creación mía sino algo que aprendí, me gustó y ahora comparto–. Una de ellas es *la cuenta del placer:* aquí vas a destinar dinero para darte gustos como un café caro (no el de tu casa), una ida al cine, un helado o cualquier cosa que te haga sentir MUY bien; no necesariamente debe ser algo costoso sino que simplemente te haga sentir MUY bien.

Esta cuenta del placer está destinada para que disfrutes lo que estás haciendo ya que **para tu mente inconsciente no le hace sentido el hecho de que trabajes y trabajes y no disfrutes**. Y si te acostumbras a eso, cuando al fin decidas "darte un gusto", tu mente va a producir los químicos que te generan insatisfacción. Por eso hacer cosas con las que te sientes bien se ha vuelto un tabú, porque la sociedad te hace pensar que estás haciendo algo mal.

La cuenta del placer te ayuda a disfrutar tu presente. En esta cuenta vas a estar premiándote acorde a tus triunfos. Es decir, si haces una venta de $1,000 USD, no vas a gastar los $1,000 USD en tu "placer" a menos que ese haya sido el destino que elegiste –por ejemplo que hayas decidido previamente que el 100% de tu primer venta lo ibas a gastar en 'x' cosa como recompensa– siempre y cuando tampoco afecte tus finanzas. Si por ejemplo tu disciplina está en que a tu cuenta de placer le vas a asignar el 5% de todos tus ingresos, entonces de esos $1,000 USD, $50 USD son para tu gusto o capricho correspondiente.

No importa la cantidad, lo que vas a hacer al gastar ese dinero es decir: *"Felicidades Uinic [dices tu nombre], este premio es por tu logro 'X'... te lo mereces"* y te das una *palmadita* en la espalda. También funciona que le digas a tu pareja, familiares y amigos que lo hagan, con eso estás anclando triunfos y así con más gusto tu subconsciente te ayudará a lograr tus objetivos pues va a sentir que sí hay recompensa y le darán ganas de hacerlo más seguido.

Hay otra **cuenta llamada de año sabático.** Ésta funciona a mediano y largo plazo. En esta cuenta, cuando tengas lo suficiente, te vas a tomar un tiempo de año sabático. No tiene que ser un año preciso, puede ser un mes, una semana, dos o tres días pero vivirlos como si estuvieras en tu año sabático. El punto es que cuando hagas esto lo disfrutes plenamente, porque si no es así, igual estás admitiendo que estás haciendo algo incorrecto.

Los condicionamientos son muy fuertes, no te va a servir que ahorita me leas y pienses diferente y después continúes haciendo lo mismo. **Si realmente quieres ver un cambio, debes tomar acción YA.**

FELICIDAD FINANCIERA HOY

En mi vida disfruto todo lo que hago. Los ingresos que ahora entran a mi negocio requieren muy poco esfuerzo de mi parte (salvo que esté iniciando un nuevo proyecto que requiere mi total atención y enfoque).

Mis gastos básicos se cubren en automático con lo que ya funciona, es decir, lo que está probado y automatizado. Cada que quiero algo extra o cumplir un capricho o necesidad, si no lo tengo, lo genero.

Mi felicidad financiera hoy significa dedicarle tiempo a lo que amo.

Lo que más puedo apreciar de una persona con mentalidad empresarial es su libertad de tiempo, por eso yo lo que más cuido es mi tiempo. Es muy difícil que conteste una llamada telefónica o una cita sin previo aviso. Y en realidad tengo pocas citas programadas a la semana y sin programar ninguna; si acaso alguna reunión de emergencia o conveniencia que se llegue a presentar. El *WhatsApp* y correo electrónico personal sí lo atiendo porque es parte de mi servicio y mi forma estar cerca de las personas que ayudo. Estando en casa, no atiendo llamadas, mi tiempo es exclusivo para mi familia. Si es tiempo de estar con mi pareja incluso no atiendo a mis hijas porque es tiempo de mi pareja.

En conclusión, te invito a que vivas, no solo tu libertad financiera sino TU FELICIDAD FINANCIERA HOY. Que disfrutes cada momento de tu vida al máximo. Que tengas tiempo para disfrutarte a ti, a tu pareja, a tus hijos, tus padres, tus amigos, que hagas tú deporte y hobby favoritos… Tómate estos tiempos para que tu mente vaya encontrando la solución a que tus ingresos lleguen de manera creativa y así no tengas que estar trabajando todo el tiempo sino que puedas dedicarle el tiempo a lo que realmente amas.

¿Porque la mayoría de las personas no lo hacen así? Porque piensan que tal vez es muy caro aprender a automatizar tus ingresos, piensan que tal vez es muy caro darse "gustitos"; si comparas una educación de $1,000, $5,000 o $10,000 USD contra $1,000 USD que ganas al mes, entonces si puede ser caro. Pero si no lo inviertes, nunca vas a estar ganando $1,000 USD por hora… **no puedes ganarlo sino inviertes en aprenderlo.**

TODOS LOS CURSOS SON UN FRAUDE

PRESTA ATENCIÓN a esta declaración: **Absolutamente Todos los cursos y entrenamientos que te prometen resultados rápidos** (como aquellos que te dicen que tendrás Libertad Financiera en dos días o que tendrás tu primer libro en un fin de semana ya escrito, editado e impreso en tu mano; o que tendrás infoproductos en menos de un día ya puestos en línea y ya generando dinero) **son un "fraude"**.

O aquellos que dicen que te van a enseñar a duplicar tus ingresos en poco tiempo; o que los bienes raíces te darán un retiro millonario... hoy te digo esto: **todos esos cursos y entrenamientos son un "fraude", absolutamente todos**...

Bueno, sólo si así lo crees, si en tu configuración mental piensas que esos cursos no sirven, que las personas que los promovemos somos charlatanes o mentirosos, esa es tu realidad y **si no crees que puedas manifestar esos resultados** (tener tu libro en menos de 30 días, estar vendiendo infoproductos en tan sólo un fin de semana, crear negocios para vivir por internet en menos tiempo de lo que te imaginas o que puedas vivir de bienes raíces), **entonces, no va a suceder**.

Si tú te suscribiste a mi lista de *WhatsApp*, me sigues en mi página *www.UinicCervantes.com*, o lees mis libros (*http://bit.ly/LibrosUinic*), tal vez sea porque crees en lo que yo digo, pero si me estás leyendo por primera vez, **si te han invitado a algún curso y te han dicho que van a cambiar tus resultados después de este entrenamiento y no lo crees, entonces, ESE CURSO VA A SER UN FRAUDE, no va a valer la pena que inviertas si no lo crees**.

Si tomas algún entrenamiento de resultados, incluso si no lo crees pero sigues las instrucciones, modelas los resultados de alguien que ya lo ha logrado, te resultará. Pero si no lo crees y tampoco haces nada, nunca va a suceder... **para que algo increíble suceda, debes empezar por creer**.

El mensaje es que te atrevas a pensar en algo diferente, en algo fuera de tu vida, a creer en los milagros, en que **las cosas imposibles suceden a cada momento y que tú puedes crear esos milagros en tu vida si primero los crees**.

¿SABES LO QUE NO SABES?

Todas las cosas que buscas para tu realización personal, tu riqueza, tu prosperidad, tu abundancia, tu realización, se encuentra en lo que no sabes.

Hay tres niveles del no saber; lo que no sabes que sabes, lo que sabes que no sabes y lo que no sabes que no sabes.

Primer nivel

Lo que *no sabes que sabes*, son aquellas cosas que están "guardadas" en tu subconsciente, cosas cotidianas como por ejemplo caminar, no lo haces de manera consciente pensando cual pie va primero y cuál después, simplemente caminas. Hablando de términos financieros crudos, *no sabes que sabes* cómo hacer miserable tu vida, tu cerebro sólo lo hace en automático porque así aprendiste a hacerlo –de tus papás, vecinos o la sociedad en general--. Esto es sólo un ejemplo, no quiero decir que tu vida sea miserable.

Las situaciones en las que tu dinero no te alcanza, son creadas por ti por las cosas *que no sabes que sabes*.

Segundo nivel

Lo que sabes que no sabes. Por ejemplo, tú ya sabes que hay una fórmula para ganar $1,000 USD por hora pero tal vez no la conoces, solamente sabes que existe porque yo te lo he dicho antes o has visto que alguien cercano a ti ha ganado esos $1,000 USD en una hora. Tú ya sabes que no sabes y eso está bien, porque entonces, si es lo que deseas, vas a buscar cómo aprenderlo.

Tercer nivel

Lo que no sabes que no sabes. Aquí es donde radica tu riqueza. Si te acabas de enterar que existe una técnica para ganar $1,000 USD por hora, esto era algo que *NO SABÍAS QUE NO SABÍAS*, pero como ya te lo dije al menos *YA SABES QUE NO SABES*... ahora ve a uno de mis entrenamientos y ¡apréndela!

Lo que yo quiero transmitirte con este trabalenguas es que **te sigas conociendo, sigas aprendiendo, sigas explorando el mundo para que**

encuentres aquello que no sabes y te ocupes en aprenderlo. Si no sabes cómo hacer dinero sin dinero, ¡aprende!; si no sabes cómo escribir un libro en menos de 30 días, ¡aprende!; si no sabes cómo hacer dinero en internet para vender en automático, ¡aprende!; si no sabes cómo hacer $1,000 USD por hora, ¡aprende!

El punto es que busques, explores, encuentres y sigas a la gente de éxito... pregúntales qué es lo que saben y ahí vas a descubrir aquello que quieres aprender para vivir en abundancia y éxito total.

CONCLUSIONES

La única conclusión que quiero dejarte es: ACTÚA DESDE EL AMOR.

Ya sea que busques libertad, abundancia, éxito, fama, felicidad, tranquilidad, alegría, diversión, realización, significado o cualquier otra cosa que se te ocurra, te prometo que si actúas desde el amor será más fácil que se te cumpla.

Recuerda que todos somos uno y vibramos en cierta frecuencia... si la frecuencia en la que vibramos es la máxima frecuencia posible entonces los resultados serán los mejores posibles. Así de simple.

Esperando haya sido claro me despido por ahora y nos leemos en el próximo libro de la serie.

Tu amigo **Uinic Cervantes**.

APRENDE LAS REGLAS PARA DOMINAR EL JUEGO DEL DINERO DE UNA VEZ POR TODAS POR SOLO $247 USD.

Decidí "regalar" este entrenamiento por tiempo limitado.

Es uno de los mejores entrenamientos que he diseñado. Lo que vas a aprender en este entrenamiento virtual puede ser más útil y práctico que cualquier curso de negocios o finanzas que hayas tomado antes.

¡Te lo Garantizo!

"Tenía aproximadamente 8 años leyendo... compré un juego de mesa... pero no encontraba una manera de generar dinero rápido o como yo quisiera, si no trabajando más de 8 o 10 horas de Lunes a Viernes...en el curso logre generar 700 dólares en media hora y con eso ya se pagó el curso y sigo generando..."

- **Vianey Madero, emprendedora.**

Sólo entra ahora mismo y aprovecha mientras aún se encuentra disponible:

www.uiniccervantes.com/bono-presencial

Tu amigo, Uinic Cervantes

MI FAMOSO COACHING "DE EMPRENDEDOR A EMPRESARIO" POR SOLO 7 pagos de $~~197~~ $97 USD mensuales.

Todo lo que hablo en mis *Whatsappazos Millonarios* está empaquetado en este coaching online de resultados que tendrás a este costo por tiempo limitado.

¡Si no te sirve te regreso tu dinero!

"Las técnicas que me has dado me han ayudado para darme cuenta en qué estoy fallando... es duro pero al menos ya sé que yo soy el responsable de lo que me pasa... tu coaching me ha ayudado mucho." - **César Córdova, emprendedor.**

Entra ya y aprovecha tu precio especial:

http://bit.ly/Entrenamiento_Elite

NOTA: Al inscribirte toma foto y mándala al *Whatsappazo Millonario*

Tu amigo, Uinic Cervantes

CPSIA information can be obtained
at www.ICGtesting.com
Printed in the USA
LVHW081356130621
690114LV00023B/1157